L'ABBÉ A. DEPOIX

PROCÈS-VERBAL

DE LA VISITE

DE

LÉONOR D'ESTAMPES DE VALANÇAY

Archevêque de Reims

POUR LE RÉTABLISSEMENT DU CULTE CATHOLIQUE

DANS LES PRINCIPAUTÉS

DE SEDAN, RAUCOURT ET SAINT-MENGES

EN 1644

SEDAN

IMPRIMERIE DE JULES LAROCHE

22, RUE GAMBETTA, 22

—

1893

L'Abbé A. DEPOIX

PROCÈS-VERBAL

DE LA VISITE

DE

LÉONOR D'ESTAMPES DE VALANÇAY

Archevêque de Reims

POUR LE RÉTABLISSEMENT DU CULTE CATHOLIQUE

DANS LES PRINCIPAUTÉS

DE SEDAN, RAUCOURT ET SAINT-MENGES

EN 1644

SEDAN

IMPRIMERIE DE JULES LAROCHE

22, RUE GAMBETTA, 22

1893

AVANT-PROPOS

—x—

Henri-Robert de La Marck, comme tant d'autres jeunes seigneurs de son temps, se laissa séduire par les doctrines de Calvin ; c'était la mode.

Lorsqu'en 1556, il succéda à son père Robert IV, duc de Bouillon et prince de Sedan, touché de la rigueur avec laquelle les partisans de la Réforme étaient traités en France, il leur ouvrit les portes de ses états, leur donna la liberté d'y exercer leur culte et leur promit sa protection. Ils accoururent en grand nombre. Parmi eux se trouvaient des hommes distingués par le savoir, et leur éloquence ne manqua pas de faire sur le jeune souverain une impression profonde.

En 1558, Henri-Robert épousait Françoise de Bourbon. Cette princesse, qui, malgré ses parents, avait embrassé les idées nouvelles, usa de son influence sur son mari pour l'entraîner à sa suite, et en 1560, celui-ci, après avoir long-temps hésité, à cause de sa mère, renonçait publiquement à la foi de ses ancêtres. Il fit venir des ministres pour prêcher la Réforme dans ses états, et, grâce à son appui, elle y devint bientôt la religion dominante.

Henri-Robert mourut en 1574. Son fils aîné, Guillaume-Robert, n'avait que douze ans, et Françoise de Bourbon fut nommée régente. C'était une femme d'un grand caractère, exaltée jusqu'à la passion ; elle profita de sa nouvelle situation pour faire triompher les doctrines au succès desquelles elle s'était vouée corps et âme.

Afin d'y arriver sûrement, elle voulut gagner la jeunesse en lui procurant une éducation conforme à ses desseins. A cet effet, elle s'empara (1576) de l'hôpital des Douze Apôtres et des revenus qui y étaient attachés, et y établit un collège dont tous les professeurs et les administrateurs étaient protestants [1].

Elle avait déjà (1574) affecté l'Hôtel-Dieu du Rivage au logement des ministres et les ressources qu'il possédait à leur entretien [2].

Si, par nécessité politique, Françoise de Bourbon n'osa bannir le catholicisme des Terres Souveraines, elle ne négligea rien pour l'affaiblir, le discréditer et le ruiner s'il était possible. La plupart des églises furent livrées aux ministres pour y établir leurs prêches. La principauté de Raucourt, qui était l'apanage de Françoise de Brézé, avait été préservée des atteintes de l'hérésie tant que la duchesse douairière vécut ; mais, aussitôt sa mort, la régente l'y installa solennellement, et un édit de 1579 donna l'église paroissiale à vingt-huit calvinistes qui s'en étaient emparés à main armée.

En 1580, Françoise de Bourbon fonda un bureau, dit de la *Recette ecclésiastique*, composé uniquement de protestants. Ce bureau avait la gestion des biens des églises et des cures, avec l'autorisation de les aliéner s'il le jugeait à propos. Il percevait les dîmes, les cens, les rentes, etc., et sur leur produit payait les professeurs du collège, les maîtres d'écoles, les ministres, qui touchaient 400 livres, et les rares curés qui exerçaient encore dans la principauté et qui en recevaient 200.

Guillaume-Robert avait été élevé par sa mère, avec le plus grand soin, dans les idées nouvelles, et, comme elle, en était un zélé partisan. Aussi, dès qu'il eut atteint sa majorité, s'appliqua-t-il à soutenir et encourager la Réforme de tout son pouvoir ; seulement la mort — il n'avait que 25 ans — ne lui permit pas de mettre à exécution tous ses projets. Il laissa sa succession à sa sœur Charlotte, à condition, toutefois, qu'elle y maintiendrait le calvinisme, sans altération, ni innovation, et ne se marierait qu'avec un protestant.

---

1. La maison des *Douze Apôtres* était située rue de Bayle, autrefois rue des Aidans, rue dite de la Charrue.

2. Cet hôpital avait son entrée principale rue du Rivage, faisait angle sur la rue de l'Horloge, anciennement rue Neuve, et allait jusqu'à l'ancien hôtel de ville, aujourd'hui pensionnat des sœurs de Sainte-Chrétienne.

A 17 ans, Charlotte de La Marck épousa Henri de La Tour, vicomte de Turenne. Elle ne pouvait mieux choisir pour se conformer aux dernières volontés de son frère. Henri de La Tour était aussi ardent calviniste que l'avait été Françoise de Bourbon, et travailla autant qu'elle à la ruine du catholicisme. « A la sollicitation des ministres de la Réforme, dit
« l'auteur de *la Vie de Fabert,* le duc de Bouillon inquiéta le
« clergé de ses états au sujet des revenus dont il jouissait.
« Ses officiers de justice mirent en cause et attaquèrent les
« bénéficiers, ils les obligèrent à présenter les titres en vertu
« desquels ils possédaient des terres et les droits qui y sont
« attachés. La plupart des bénéficiers, dépourvus de titres,
« eurent recours à la prescription. Ils représentèrent qu'ils
« tenaient une partie de ces biens de la piété des princes de
« Sedan, mais qu'ils en avaient perdu les pièces justificatives.
« Le duc n'eut aucun égard à la prescription. Il fit réunir à
« son domaine les bénéfices fondés par ses prédécesseurs. Les
« gentilshommes, à l'exemple du prince, rentrèrent aussi dans
« les fondations de leurs pères, et le duc destina les revenus
« des autres bénéfices à l'établissement de l'Académie[1], à
« bâtir des temples, à entretenir les ministres et à faire de
« nouvelles fortifications[2]. »

Très intelligent, d'une volonté opiniâtre, adroit, souple, rusé, Henri de La Tour manquait totalement de droiture et de franchise. Il écrivait « que la religion ne devait pas se
« contraindre ni se commander, n'étant pas l'œuvre de
« l'homme, mais un don de Dieu, seul maître, quand il lui
« plaît, de rappeler les esprits à une autre croyance[3]. » Et il prenait sans cesse contre les catholiques des mesures qui blessaient leur conscience. C'est ainsi qu'en 1610 il obligeait les curés, avant d'entrer en possession de leurs titres, de lui

---

1. L'Académie fut fondée en 1602. Le Conseil des Modérateurs acheta deux maisons attenant au collège et haussa la grande porte d'entrée. Le collège avait deux entrées : l'une sur la rue des Aidans, l'autre sur la rue du Ménil. Cette dernière est la porte de la maison actuellement à M. Bourgeois, autrefois l'auberge de *la Pommelette.* (Voir les plans de 1614 à la bibliothèque de Laon).

2. BARRE, *Vie de Fabert,* T. I, p. 456.

3. Recueil d'ordonnances.

jurer fidélité en *toutes choses*. En 1617, les curés de Sedan et de Raucourt durent prêter le serment « de ne reconnaître, « retenir ou prendre aucun ordre des évêques, ne recevoir « aucune bulle ni pardon du pape[1]. » Il défendit aux curés de laisser prêcher les jésuites dans leurs églises et aux fidèles d'avoir avec eux aucun rapport de religion, sous peine d'être privés des libertés dont ils jouissaient[2]. En 1620, il ordonna à ses sujets catholiques de prêter le serment « d'obéir aux lois « et commandements des princes, sans qu'aucune promesse, « crainte, persuasion ou menace à ce contraire, sous prétexte de « religion ou autrement, puissent jamais les en détourner[3]. »

Henri de La Tour mourut le 25 mars 1623. Frédéric-Maurice, son fils aîné, lui succéda sous la tutelle d'Elisabeth de Nassau, sa mère. Celle-ci poursuivit l'œuvre de son mari en faveur du protestantisme et contre le catholicisme. Elle défendit (1629) aux curés de se faire remplacer par des prêtres qui n'auraient pas prêté le serment. Elle fit condamner (1634) le curé de Sedan à la réprimande pour avoir annoncé en chaire l'enterrement d'une jeune fille, y avoir laissé porter des cierges et fait des cérémonies défendues par les règlements.

Cependant, après un siècle de persécution, les catholiques allaient enfin pouvoir respirer.

Frédéric-Maurice était doué d'une grande intelligence, et ses occupations ordinaires ne suffisant pas à son activité, il se livrait, dans ses loisirs, à des études sérieuses. Il entreprit la lecture des œuvres de Calvin ; des doutes s'élevèrent dans son esprit. Pour s'éclairer, il eut des conférences avec le célèbre ministre Dumoulin, mais elles ne servirent qu'à le rendre plus perplexe, et en 1636 il fit son abjuration.

Revenu sincèrement à la religion de ses ancêtres, le prince de Sedan devait nécessairement être touché de l'état d'abjection dans lequel elle se trouvait.

Il y avait jusqu'à cinq ou six paroisses réunies. Il obvia à

1. Registre des Modérateurs.
2. Recueil d'ordonnances.
3. Recueil d'ordonnances.

cet inconvénient, donna un curé spécial à Balan et Bazeilles qui étaient rattachés à Sedan, mit ensemble Francheval et Rubécourt, Douzy avec Pouru-Saint-Remy, Villers-Cernay avec Daigny et Givonne, Illy avec Fleigneux, Haraucourt avec Angecourt, Bulson avec Raucourt, Wadelincourt avec Noyers.

« Il ordonna que dans toutes les paroisses susdites les églises puissent servir aux deux cultes. Que l'on sépare par une clôture le chœur d'avec la nef ; que les calvinistes n'aient que la jouissance de celle-ci pour leurs prêches et que l'entrée du chœur leur soit complètement interdite, et comme leurs offices ne commencent qu'à neuf heures du matin, il leur défend de sonner la cloche avant cette heure, pour ne pas interrompre les catholiques et leur laisser la liberté de continuer le service divin. »

Il remplaça le Conseil des Modérateurs, entièrement composé de protestants et qui avait la direction des affaires ecclésiastiques par un Conseil privé dont lui-même était le président.

Un édit de 1638 donna aux catholiques le droit de participer aux charges de l'Etat dont ils avaient été exclus jusqu'ici.

Frédéric-Maurice fit même venir des capucins pour prêcher à Sedan et dans les villages et des Filles de la Charité pour le soulagement des pauvres.

Mais ces réformes n'eurent pas grand résultat. D'abord le prince, dans la crainte de soulever contre lui les protestants, leur avait confirmé les privilèges dont ils jouissaient sous ses prédécesseurs (10 août 1638) ; de plus, l'ardeur de son caractère, qui lui faisait aimer la guerre et détester la tranquillité et l'isolement, le poussait souvent hors de ses états. En son absence, c'était sa mère qui gouvernait ; elle en profitait pour soutenir ses corréligionnaires et regardait comme nul et non-avenu ce qui avait été fait en faveur des catholiques par son fils, dont la conversion était pour elle un si cuisant chagrin.

Cependant, un grand événement se préparait. Entraîné, par son amitié pour le comte de Soissons, dans les intrigues contre Richelieu, Frédéric-Maurice eut le malheur de battre les troupes du roi à la Marphée (6 juillet 1641) et de se laisser prendre ensuite dans les pièges du terrible ministre, en entrant dans la conspiration de Cinq-Mars. Il sauva sa tête, il est vrai, mais perdit ses états, auxquels on tenait davantage.

Le 15 septembre 1642, les principautés de Sedan, Raucourt et Saint-Menges perdaient leur autonomie et étaient réunies à la couronne de France.

La liberté de conscience est un bien sacré ; c'est la plus belle prérogative de la nature humaine. Elle peut être opprimée, mais ce n'est que pour un temps, car bientôt s'opère une réaction qui, malheureusement, dépasse souvent le but.

Le revirement qui se fit à Sedan en faveur de la religion catholique n'eut pas l'inconvénient que nous venons de signaler, grâce à la noblesse de caractère, à l'esprit d'équité, à l'action douce et énergique tout à la fois du gouverneur Fabert, grâce aussi à l'esprit de charité, de zèle tempéré par une sage modération que saint Vincent de Paul sut inspirer à ceux de ses disciples qu'il y envoya, à la demande du roi, dès 1643.

En arrivant à Sedan, Fabert « vit le catholicisme pour ainsi dire proscrit ; le clergé dépouillé de ses biens, des revenus de ses charges, traînant une misérable existence, se cachant pour se dérober à l'insulte ; le culte public aboli ; les prières, les processions, les cérémonies extérieures interdites ; les fidèles méprisés, traités d'idolâtres, regardés comme une classe de parias, exclus de tous les honneurs, de toutes les dignités, de tous les emplois, subissant, non pas une persécution sanglante, mais une persécution plus insupportable peut-être que la persécution sanglante, celle du mépris et de l'avilissement[1]. »

Aussi voulut-il de suite porter remède à un si triste état de choses, et le 23 février 1643 il prenait l'arrêté suivant :

« De par le Roi et M. de Fabert, gouverneur, etc.... Le Roi
« désirant rétablir dans la ville et les souverainetés de Sedan
« et Raucourt l'entière liberté et exercice de la religion catho-
« lique qui, depuis plusieurs années, a été interdit, nous ordon-

---

1. Mémoires du Président Morel.

« nons à toutes personnes, de telle qualité et condition qu'elles
« soient, de se conformer à l'intention de Sa Majesté, de
« laquelle, par la présente ordonnance, nous leur donnons avis.

« Défendons très expressément qu'ès actions publiques qui
« s'en feront à l'avenir, comme du transport du St-Sacrement
« aux malades, extrême-onction, processions, baptêmes, enter-
« rements ou autres cérémonies quelconques, aucun soit si osé
« de faire ou dire aucune chose qui puisse apporter scandale,
« sous peine de 300 livres d'amende ou de punition corporelle,
« si le cas y échoit.

« Enjoignons aux pères de familles de contenir leurs enfants
« ou domestiques dans l'observation de la présente ordonnance,
« à peine d'en répondre en leur propre et privé nom.

« Défendons aussi, sous peine de 10 livres d'amende, d'avoir
« à l'avenir aucune boutique ouverte les jours de fêtes ordon-
« nées par l'Eglise. Et pour contenir tout le peuple dans l'union
« et parfaite intelligence dans laquelle il a vécu jusqu'ici, il est
« défendu à toutes personnes de former aucun débat sur le
« fait de la religion, cérémonies ou autres choses quelconques
« en dépendant, en aucune place publique, rue ou boutique
« ouverte, ni ès lieux où plusieurs personnes pourraient s'as-
« sembler, sous peine de 100 livres d'amende.

« Fait à Sedan, le 23e jour de février 1643.

« Signé : FABERT [1]. »

Voilà donc la liberté rendue aux catholiques, et, comme nous
l'avons déjà dit, cette réaction fut exempte d'exagération. Les
ordonnances pleines de sagesse, par lesquelles le gouverneur
régla la conduite des ministres des deux cultes, la préserva
des abus. Il défendit aux prêtres catholiques les discussions
imprudentes, violentes, passionnées, leur recommandant de
traiter les sujets religieux avec modération, en esprit de charité, et de s'en tenir à l'exposition simple, claire et précise
du dogme et de la morale enseignés par l'Eglise romaine.
« C'est là, disait-il, le meilleur moyen d'éclairer, de désabuser

---

1. Recueil d'ordonnances de Fabert.

« les protestants trompés par les discours et les écrits calom-
« nieux de leurs ministres. Ils nous accusent sans cesse d'ido-
« lâtrie et de superstition ; ils nous attribuent mille choses
« odieuses ; montrez clairement que ces imputations n'ont rien
« de fondé, qu'elles n'ont pour principe que l'esprit de men-
« songe et le désir de perpétuer l'erreur ; mais faites-le avec
« cette douceur et cette réserve qui gagne la confiance et
« subjugue les cœurs [1]. »

De son côté, saint Vincent de Paul écrivait à ses mission-
naires :

« Lorsque le Roi vous envoya à Sedan, ce fut à condition
« que vous ne disputeriez jamais contre les hérétiques, ni en
« chaire, ni en particulier, sachant que cela sert de peu et que
« souvent on fait plus de bruit que de fruit. La bonne vie et
« la bonne odeur des vertus chrétiennes, mises en pratique,
« attirent au droit chemin ceux qui en sont sortis et y confirment
« les catholiques : C'est ainsi que la congrégation doit profiter
« à la ville de Sedan, en ajoutant aux bons exemples l'exercice
« de nos fonctions, comme d'instruire le peuple selon notre
« méthode ordinaire, de prêcher contre le vice et les mauvaises
« mœurs, d'établir la nécessité des vertus, de faire connaître
« leur beauté, leur usage et les moyens de les acquérir. C'est
« à quoi vous devez principalement travailler. Que si vous
« voulez traiter quelque point de controverse, ne le faites point
« si l'évangile du jour ne vous y porte ; et alors vous pourrez
« soutenir et prouver les vérités que les hérétiques combattent
« et même répondre à leurs raisons, sans néanmoins les nom-
« mer ni parler d'eux [2]. »

Cette ligne de conduite, si prudente et si sage, produisit
d'heureux effets, car bon nombre d'hérétiques ne tardèrent pas
à rentrer dans le giron de l'Eglise. Mais, malgré le désir
qu'avait le catholique Fabert de ramener à la vraie foi ceux de
ses subordonnés qui étaient engagés dans l'erreur, il avait le

1. Mémoires du Président Morel.
2. ABELLY, *Vie de saint Vincent de Paul.*

jugement trop droit et l'âme trop délicate pour chercher à
violenter les consciences ; aussi sollicita-t-il du roi, en faveur
des calvinistes, l'édit de Ruel (juin 1644) ; il y était dit :

« Et quant à nos sujets desdites souverainetés faisant pro-
« fession de la religion prétendue réformée, lesquels ont fait
« leur serment de fidélité avec une démonstration de joie très
« grande, Nous désirons qu'ils ressentent les effets de Notre
« bienveillante protection. Et pour cet effet, Nous déclarons,
« voulons et nous plaît qu'ils continuent en la possession des
« mêmes droits, privilèges, prérogatives, avantages, libertés,
« exercices publics et particuliers de ladite religion, collège,
« académie et écoles dont ils ont joui jusqu'présent, suivant
« les titres et déclarations qui leur ont été concédés par les
« seigneurs dudit Sedan, à la réserve des biens et revenus
« ecclésiastiques, qui seront rendus et restitués à ceux à qui
« ils appartiennent. Et d'autant qu'il était pris sur les fonds
« d'iceux la somme de 12,000 livres pour la subsistance d'au-
« cuns de la religion et collège et académie, leur sera continuée
« et assignée pareille somme de 12,000 livres par chacun an,
« sur les plus clairs deniers desdites souverainetés, qui sera
« régie par le Conseil des Modérateurs de l'Académie. Et à
« l'égard de l'usage des trois temples qui leur appartiennent,
« et dont ils jouissent à présent, tant en ladite ville de Sedan
« qu'en celles de Raucourt et Saint-Menges, ils ne seront
« aucunement troublés en la propriété et jouissance d'iceux
« pour l'exercice libre de leur religion. Et pour ce qu'ils avaient
« accoutumé ledit exercice dans toutes les églises des autres
« bourgs et villages desdites souverainetés en commun avec
« les catholiques, et successivement les uns après les autres,
« leur sera pourvu de deux temples, l'un à Francheval et
« l'autre à Givonne, pour tout le reste de l'étendue desdites
« souverainetés. Et pour ce qui est des cimetières qu'ils
« possèdent séparément, en jouiront aux mêmes droits de
« propriété et de possession qu'ils ont fait jusqu'à présent : et
« au lieu de ceux qu'ils avaient en commun avec les catho-
« liques, sera assigné à ceux de ladite religion autres lieux

« commodes et convenables à leurs demeures. Et pour leur
« donner moyen de fournir tant à la construction desdits
« temples qu'aux achats et accommodements desdits cime-
« tières, Nous leur avons accordé la somme de 12,000 livres
« qui sera prise sur le fonds desdits domaines. »

Cet édit fut accueilli avec la plus grande joie et eut pour
résultat de maintenir la paix entre les deux cultes. Enfin, pour
régler d'une manière fixe et définitive l'administration spiri-
tuelle et temporelle des paroisses, Louis XIV envoya à Sedan
Léonor d'Estampes de Valançay, archevêque de Reims (12 juillet
1644). Sa mission terminée, le prélat dressa le procès-verbal de
sa visite et le présenta au roi (septembre 1644), qui l'approuva
et le confirma (novembre 1644).

C'est ce rapport que nous publions, pour nous rendre au
désir d'un certain nombre de personnes qui nous l'ont demandé.
Nous le donnons d'après une copie conforme du 28 juin 1687,
conservée aux archives de l'hôpital général ; nous en changeons
seulement l'orthographe et nous y ajoutons quelques notes qui
nous semblent pouvoir intéresser le lecteur [1].

Sedan, le 1ᵉʳ Mars 1893.

A. DEPOIX

Aumônier de l'hôpital général.

---

1. Ce précieux document a déjà été imprimé en 1717, à la suite des *Anciennes
Ordonnances des ducs de Bouillon*, à Sedan, chez Adrien THÉSIN, imprimeur
du Roy et marchand libraire, Grande Rue, *à la Tour d'or*.

PROCÈS-VERBAL

DE LA

VISITE DE LÉONOR D'ESTAMPES DE VALANÇAY

Archevêque de Reims

POUR LE RÉTABLISSEMENT DU CULTE CATHOLIQUE

DANS LES PRINCIPAUTÉS DE SEDAN, RAUCOURT & SAINT-MENGES

EN 1644

———————

Léonor d'Estampes de Valançay [1], par la grâce de Dieu et du Saint Siège Apostolique Archevêque et duc de Reims, premier pair de France, Légat né du Saint Siège Apostolique, Primat des Gaules-Belgiques et Conseiller ordinaire du Roi en ses conseils : Ayant plu à Sa Majesté, par l'avis de la Reine Régente sa mère, *pourvoir aux choses nécessaires pour le* rétablissement de la Religion Catholique aux souverainetés de Sedan, Raucourt et Saint-Menges ; en sorte que son intention a été de rendre et restituer aux Ecclésiastiques leurs biens et revenus qui avaient été réunis aux domaines desdites souverainetés, Et remettre les Curés et autres bénéficiers en leurs bénéfices, desquels ils avaient été dépouillés depuis longues années, Oter le prêche de ceux de la Religion Prétendue Réformée de quatorze ou quinze Eglises paroissiales ou succur-

---

1. Léonor d'Estampes de Valançay, 89ᵉ archevêque de Reims, était fils de Jean d'Estampes et frère d'Achille d'Estampes *dit le Cardinal* de Valançay. Il naquit en 1589, fut député par le clergé d'Anjou aux Etats généraux de 1614, devint évêque de Chartres en 1620 et archevêque de Reims en 1641, présida l'assemblée du clergé de 1650 et mourut à Paris en 1651.

sales et retrancher la communauté des Cimetières entre les Catholiques et ceux de la Religion Prétendue Réformée, Sa dite Majesté Nous en aurait donné avis par ses Lettres du douze Juillet dernier, et exhorté d'employer Notre Soin pastoral pour donner ordre à tout ce qui dépendrait de Nous, afin de seconder de si louables, de si pieux et de si généreux desseins ; Ce qui Nous aurait donné sujet pour obéir aux volontés du Roi de venir en cette ville où Nous aurions été reçu avec une pompe et entrée magnifique et acclamations générales de tout le peuple qui paraît en toutes ses actions autant affectionné pour les intérêts de Sa Majesté que fidèle pour son service, Le tout par l'entremise et les soins de Monsieur de Fabert, Maréchal des camps aux armées du Roi et Gouverneur des Villes, Châteaux et Souverainetés de Sedan, Raucourt et Saint-Menges, pour lequel je me sens obligé de dire qu'il ne se peut rien ajouter à son zèle pour l'Eglise et pour Dieu, ni à sa fidélité et à sa vigilance en ce qui regarde Sa Majesté, et après avoir fait Nos prières, donné les Confirmations et Communions, officié pontificalement et prêché le jour de l'Assomption de la glorieuse Vierge, dans l'Eglise de Sedan, Nous avons assemblé en Notre logis Mondit Sieur de Fabert ; Daniel de Guillon, Ecuyer, Sieur de Réal, Conseiller et Presséant au Conseil souverain du Roi et Bailly des souverainetés de Sedan et Raucourt ; Jacques de Morenvillé, Sieur de la Hautonnière, Conseiller audit Conseil et Procureur Général auxdits Baillages ; Pierre Pétizon, aussi Conseiller audit Conseil et Avocat Général auxdits Baillages ; Daniel Dozanne, Ecuyer, Sieur de la Hammardière, Conseiller audit Conseil et Lieutenant Général auxdits Baillages ; Maître Jean Trouillard, Receveur de Ville ; Maître Jean Stasquin, Procureur de Ville, et autres personnes qui Nous pouvaient dire et donner les éclaircissements nécessaires touchant ledit revenu des Ecclésiastiques, et pouvons dire avec vérité que les sus-nommés, tant de la Religion Prétendue Réformée que Catholiques, Nous ont franchement et de bonne volonté instruit de toute la connaissance qu'ils en avaient, et à cet effet représenté tous les comptes, titres et renseignements, et après avoir tout examiné et considéré, Nous avons cru qu'il était plus à propos de rendre à chacun des Ecclésiastiques ce qui leur appartient que d'en user autrement, afin d'éviter les troubles qui en pourraient arriver, excepté qu'ayant trouvé quelques revenus écartés, Nous avons estimé qu'il était expédient d'en prendre suffisamment pour établir dans cette Ville de Sedan un curé et six prêtres, dont l'un sera chargé de faire le catéchisme à la jeunesse et l'instruire de ce qui est de sa créance, et l'enseigner à la piété, et pour entretenir, loger et récompenser un prédicateur pendant les Avents et Carêmes ; et d'autant que ci-devant Maître Vincent de Paul, Supérieur des Prêtres de la Mission, en a envoyé pour vaquer aux fonctions de ladite Cure, suivant le consentement de Monsieur l'Abbé de Mouzon, présentateur de ladite Cure, et Notre permission ; outre le fond notable que feu de très heureuse mémoire Louis le Juste avait donné par sa piété, tant pour administrer ladite Cure que pour faire les Missions sous Notre autorité où il en serait besoin dans lesdites souverainetés, lequel fond a été laissé entre les mains dudit Maître Vincent de Paul, que Nous avons estimé selon qu'il Nous a été rapporté par quelques-uns desdits Prêtres de la Mission, pouvoir au moins rapporter 2,500 livres de rente, Nous leur avons délaissé la portion des dîmes de Sedan et Balan, savoir : la moitié tant aux grosses que menues dîmes toutes les Novalles et la dîme entière des vignes desdits Balan et Sedan [1] ; et sur toutes les dîmes un préciput de trois muids [2] de blé métail mesure dudit Sedan, et

---

1. Jusqu'en 1789, le traitement du clergé se composait des *dîmes*. Cet impôt était en nature, consistait en une portion des fruits de la terre et des troupeaux, et variait de pays à pays quant à la quotité ; c'était la dixième, la douzième, la quinzième partie des fruits, suivant la coutume. Les dîmes étaient généralement affermées, parce qu'elles se partageaient entre le curé et son *Patron*, c'est-à-dire celui qui avait le droit de le présenter à la nomination de l'évêque. — Les *grosses dîmes* étaient perçues sur le produit de la grosse culture, comme les céréales, les vins. Les *dîmes vertes et menues* étaient levées sur les pois, les fèves, les lentilles, le chanvre, etc. Les *dîmes novales* étaient imposées aux terres récemment mises en culture ou dont le genre de culture avait changé. — Il arrivait souvent que le curé avait droit à un *préciput,* c'est-à-dire qu'il prenait une portion déterminée des dîmes avant le partage.

2. Le *muid* blé de Sedan contenait *12 septiers,* le *septier 4 cartels* et le *cartel 12 écuelles.* Le *cartel* blé de Sedan contenait *26 litres,* par conséquent le *muid* était de *1,248 litres.*

l'autre moitié desdites dîmes appartiendra à M. l'Abbé de Mouzon ; plus le dedans de l'Eglise qui peut monter à 700 livres [1], lequel, par l'exemple de la piété desdits prêtres, augmentera sans doute tous les jours ; plus la Maladerie du Chêne-les-Malades, en la Souveraineté de Raucourt, à laquelle est jointe la moitié des dîmes d'Angecourt qui peuvent valoir 500 livres par an ; plus 160 livres de rente dues par la recette du domaine sur la terre de Bazeilles et 250 livres de rente à prendre sur la terre de Raucourt, constituées et données à la Maison des Apôtres par Françoise de Brézé, femme de Messire Robert de la Marck, Seigneur de Sedan ; plus 300 livres de rente qu'a données Monsieur de Bouillon pour fonder une messe, laquelle se célébrera dans ladite église par l'ancien curé qui jouira desdites 300 livres de rente seulement sa vie durant ; plus plusieurs parties, consistant en la vente de plusieurs héritages vendus et aliénés des biens ecclésiastiques, auxdites souverainetés, savoir : pour le jardin des Apôtres, 120 livres ; pour le pré St-Remi, 120 livres ; pour le setier froment dû par plusieurs de Wadelincourt, 75 livres ; pour le presbytère de Givonne, 200 livres : pour les terres et prés dudit presbytère, 150 livres ; pour le presbytère de Haraucourt, 120 livres ; pour les deux censes de Balan, 520 livres ; pour le presbytère de Wadelincourt, 150 livres ; pour cinq setiers de surcens, 170 livres 5 sous ; pour six quartels de surcens à Remilly, 73 livres ; pour la cense St-Laurent de Sedan, 500 livres ; pour la terre des Culetz de Wadelincourt, 135 livres ; pour le presbytère d'Illy, 72 livres ; pour une maison rue Bercoffe, 50 livres ; pour la masure et jardin du presbytère de Bazeilles, 100 livres ; pour la première place du presbytère de Francheval, 60 livres ; pour la seconde place dudit presbytère, 36 livres ; pour le jardin sis devant le logis Thomas de Mélin, 18 livres ; pour un autre jardin sis audit Francheval, 40 livres ; pour la maison dite de Maître Noël, 480 livres ; pour un jardin en chènevière à Noyers, 40 livres ; pour une place

1. C'était la *livre tournois* qui avait cours, elle valait un peu moins d'un franc (un franc moins un liard).

proche le four banal de Daigny, 50 sous de surcens [1] et encore 8 livres de surcens, d'ailleurs le tout estimé 126 livres ; revenant le fonds desdites rentes à la somme de 3,354 livres 5 sous, qui au denier seize [2] monte par an à 209 livres 12 sous 6 deniers ; lesquelles rentes se payent par la Ville. *Et parce que l'on pourrait avoir pensé de retirer le tout ou partie des biens aliénés en rendant le sort principal, et que cela pourrait faire naître plusieurs procès et différends entre les habitants catholiques et ceux de la Religion, au lieu qu'il est expédient d'entretenir la concorde et la paix, afin d'essayer, par ces voies et autres bons exemples, de ramener ceux de la Religion au giron de l'Eglise, Nous supplions très humblement Sa Majesté d'agréer que les choses demeurent dans l'état qu'elles sont à présent et d'en accorder à cet effet les Lettres de confirmation en bonne forme ;* mais, d'autant que lesdits Prêtres de la Mission Nous ont représenté qu'ils ne pouvaient rien résoudre, parce qu'ils ne savaient ce que c'était que le don du Roi, ni l'intention dudit Maître Vincent de Paul, et pour cela qu'ils nous demandaient temps pour le pouvoir avertir, ce que Nous leur avons accordé ; et cependant, parce qu'il est nécessaire de pourvoir à un prédicateur pour l'Avent et le Carême prochain, il sera pris, en attendant, sur les revenus dépendant du bien ecclésiastique sis auxdites souverainetés, 300 livres d'une part pour la nourriture, logement, bois et chandelles dudit prédicateur, pendant l'Avent et le Carême, et 500 livres pour sa récompense, allé et retour, savoir 200 livres pour l'Avent et 300 livres pour le Carême. Outre ce que dessus, la cense St-Laurent sise au Petit-Remilly demeurera à la fabrique dudit Sedan, plus un surcens de dix sous à prendre sur deux maisons sises à Dom, venant de Thomas Chastel et de Jean Launoy. Item plusieurs surcens en argent sur aucunes maisons de la Ville et boutiques d'alentour des Cimetières, payables à Pâques. Item autres

1. Le *cens* était une rente dont un héritage était chargé. On le distinguait en *chef-cens*, impôt de création originelle et en *sur-cens* qui avait été imposé après la création du premier. Toute espèce de cens était imprescriptible et non rachetabe.

2. On comptait ainsi l'intérêt d'une somme d'un capital. On prêtait au denier 5, 10, 20, c'est-à-dire que l'intérêt était le cinquième, le dixième, le vingtième du capital, ou 20, 10, 5 pour cent. Le prêt au denier seize était de 6.25 %.

surcens en cire sur plusieurs maisons de ladite ville qui se payent encore à présent. Item la rente de Marbricq demeurera au bureau des pauvres de ladite Église de Sedan ; les dimes ci-dessus franches et quittes d'un muid de seigle que le curé de Bazeilles avait à prendre tous les ans sur ladite cure de Sedan ou secours de Balan, sans préjudice d'un muid de seigle dû par le patron de Bazeilles annuellement à la cure de Sedan et Balan que Nous ordonnons qu'il paiera.

Et d'autant que la garnison du château est grosse et que les soldats ne peuvent commodément sortir pour aller à la messe, Nous avons ordonné qu'il sera bâti une chapelle audit château en lieu décent et convenable, en laquelle, après avoir été visitée, bénite de Notre Autorité, se célébrera par Clément Chailleau, prêtre du diocèse de Metz, aumônier du Roi audit château, que nous avons nommé à ladite chapelle pour lui en donner nos provisions, la Sainte Messe toutes les fêtes et dimanches de l'année, et autre tous les samedis en l'honneur de la Glorieuse Vierge ; ladite chapelle sera par Nous érigée sous le titre de l'Assomption de la Vierge et demeurera en Notre collation et de nos successeurs Archevêques de Reims, pour la dotation de laquelle seront prises et affectées les choses qui ensuivent.

Premièrement, une rente de 10 livres à prendre sur un jardin appelé le jardin des Apôtres ; plus une cense sise à Dom avec les appartenances et dépandances, appelée la cense des Apôtres, qui rend 28 setiers de grain ; plus à Douzy la cense des Clercs valant 15 setiers de grain, moitié froment moitié seigle ; plus la moitié des dîmes de La Moncelle affermées pour le total 120 livres : lesdites dîmes se partagent par moitié avec Monsieur l'abbé de Mouzon, patron ; plus les prés qu'on loue sous le titre des prés de l'Eglise de Bazeilles et Balan, savoir : six quarterons aux prés de Balan, deux fauchées au pré le Prêtre, une demie fauchée [1] devant le rivage de Wadelincourt, cinq quarte-

---

1. L'unité principale des mesures agraires était la *verge ;* mais elle n'avait pas la même superficie partout, elle variait souvent d'un village à l'autre : A Sedan, Balan, Bazeilles, la verge valait 39 centiares 10 ; à Wadelincourt, 37 centiares 10 ; à Noyers, 38 centiares 43. L'*arpent ou fauchée* était ordinairement composé de 100 verges ; il se divisait par demi, quart, huitième. Le *quart* prenait le nom de *quartel* ou *quarteron*, et se divisait aussi par demi qu'on appelait *demi-quartel, bichet, pugnet,* etc.

rons à Quartiers, trois quarterons à la Hubernaux, une fauchée au lieudit les Echevins, joignant les héritiers J. Flamignon d'une part, d'un bout à Guillaume de Thige et d'autre à Simon Henrisson ; trois quarterons à la fache du Rulle, joignant le Rulle d'une part et d'autre ; demie fauchée joignant Maître Philippe Stasquin et les religieux de Bouillon d'autre ; demie fauchée au Gros-Buisson, joignant Thierry David d'une part et les petites Jugles d'autre, et un quarteron à l'Epinette, plus les prés dépendants des églises de Noyers et de Wadelincourt, savoir : demie fauchée au lieudit Banne-les-Fosses, une autre fauchée audit lieu, 138 verges au pré des Pauvres, 40 verges au milieu de la prairie, demie fauchée dit le pré Stévenin, deux fauchées et demie au pré Notre-Dame, demie fauchée à Rocamp, deux quartels à Laplanche, le quartel de Pré-fondu, demie fauchée à Fouquelin, 30 verges à la Batière, une fauchée dix verges audit lieu, une fauchée dessous la Ville, 80 verges au Rond-Pré, trois fauchées au Fond-de-Tannelle et encore de la cense des Pauvres de Douzy.

Cure de Bazeilles.

Nous avons ordonné que ladite cure demeurera à Mᵉ Jacques Thévenin, prêtre de notre diocèse de Reims, lequel Nous a été présenté par Monsieur l'abbé de Mouzon et pourvu par Nous le 8 Juillet dernier, à la charge qu'il donnera 200 livres de pension et en passera procuration en Cour de Rome en faveur de Maître Anglebert du Moulin, curé de Tétaigne, qui jouissait d'une pension de 300 livres pendant que Monsieur de Bouillon de son autorité faisait desservir ladite cure. Ledit curé prendra premièrement aux grosses dîmes un muid de seigle et toutes les dîmes de la contrée appelée les Francs-Courtils, et pour le reste prendra la moitié de toutes les dîmes telles qu'elles puissent être et M. l'abbé de Mouzon l'autre. Laissera ledit curé la moitié qu'il peut prendre des dîmes au hameau de La Moncelle, secours dudit Bazeilles, que Nous avons destinée pour partie de la fondation et dotation de la chapelle du château de Sedan, à laquelle Nous avons aussi affecté les prés étant audit Bazeilles qui se louent sous le titre des prés de l'église de Bazeilles et de Balan ci-dessus mentionnés. Mondit S^r l'Abbé de Mouzon recueillera l'autre moitié des dîmes dudit hameau de La Moncelle ; jouira encore ledit curé d'une masure où était autrefois le presbytère, et la fabrique de cette église de la cense qu'on appelle la cense de l'Eglise de Bazeilles, ne pourra ledit curé de Bazeilles prétendre à l'avenir un muid de seigle qu'il prétendait lui être payé chacun an sur la cure de Sedan ou secours de Balan, que Nous en avons déchargé, et ordonnons que le Patron dudit Bazeilles payera un muid de seigle qu'il doit annuellement au curé de Sedan.

Cure de Douzy.

Nous avons ordonné que la cure sera donnée à Me Jean Gabriel, prêtre de Notre diocèse, à la charge de prendre la présentation dudit Sieur Abbé de Mouzon et Notre collation. Jouira ledit curé de Douzy de la cinquième partie aux grosses dimes et Mondit S^r l'abbé de Mouzon des autres parties. Jouira aussi le curé des oblations et pour la récompense des Novalles qui se partagent confusément avec l'autre dîme et au prorata des portions, ledit Sr Abbé payera tous les ans sur sa part audit curé la somme de trente livres. Jouira encore ledit curé de la cense de la cure dudit Douzy et la fabrique de celle de la fabrique. Et quant à celle des Clercs elle demeurera pour partie de la dotation de ladite chapelle du château de Sedan comme il est dit ci-dessus.

Pourru-Saint-Remi, secours de Brévilly.

Nous avons ordonné, pour plusieurs considérations nécessaires, qu'il y sera fait érection d'une cure en faveur de Maître Jean Alexandre, prêtre de Notre diocèse, qui prendra la présentation de Mondit S^r l'Abbé de Mouzon et Notre collation. Jouira ledit curé ainsi érigé du tiers de toutes sortes de dîmes dudit Saint-Remi, et ledit Abbé des deux autres tiers. Jouira encore ledit curé de la petite cense et de la cense de la Commercerie sises audit Pourru-Saint-Remi.

Cure de Francheval.

Nous avons ordonné que Mᵉ Jean Dambly, prêtre du diocèse de Trèves, demeurera curé à la charge de prendre présentation de Mondit Sʳ l'Abbé de Mouzon et collation de Nous. Jouira ledit curé par préciput de trois muids de grain, moitié froment moitié avoine, à prendre sur les grosses dîmes, et du tiers des menues dîmes dudit Francheval. Prendra ledit Sieur Abbé le surplus desdites dîmes, tant grosses que menues, dudit Francheval. Jouira encore ledit curé de toutes les dîmes, tant grosses que menues, à Rubécourt-Lamécourt, à condition qu'il fera desservir le secours dudit Rubécourt, où il se doit dire une messe tous les dimanches ; la fabrique dudit Francheval aura la cense de la Madelaine et ledit curé celle de la cure.

Cure de Villers-Cernay.

Nous avons ordonné que Mᵉ Aubertin Lambert, prêtre de Notre diocèse, pourvu depuis dix ans de ladite cure, en jouira et desservira autant qu'il le pourra le secours de Pourru-aux-Bois, en Bourgogne. Prendra ledit curé, par préciput, six setiers de froment sur les dîmes ; et le reste des dîmes, de quelque nature qu'elles soient, se partagent par moitié entre lui et ledit Sʳ Abbé de Mouzon, présentateur de ladite cure. La fabrique jouira de la cense dudit Villers-Cernay.

Cure de Givonne
avec les secours de Daigny et La Chapelle.

Nous ordonnons que Mᵉ Charles Mion, prêtre du diocèse de Toul, sera pourvu de ladite cure et secours et prendra présentation de Mondit Sʳ l'Abbé de Mouzon et collation de Nous. Jouira le doyen dudit Mouzon, par préciput, de trente setiers de grain, moitié froment et seigle, et l'autre moitié avoine ; et le reste des dîmes de Givonne, de quelle nature qu'elles soient, se partagera par moitié entre Monsieur l'Abbé de Mouzon et ledit curé qui prendra seul toutes les dîmes, tant grosses que menues, à Daigny et La Chapelle, et outre prendra encore ledit curé, chaque année, sur le curé d'Illy, un muid de seigle ; la fabrique jouira de la cense dudit Givonne et ledit curé de celle de Daigny.

La Cure d'Illy, avec le secours de Fleigneux.

Nous ordonnons que Me Mathieu Monet, prêtre, sera pourvu de ladite cure et secours, à la charge de desservir l'un et l'autre et de prendre présentation de Mondit S^r l'Abbé de Mouzon et collation de Nous. Jouira ledit curé de la huitième partie des grosses dîmes audit Illy et Mondit S^r l'Abbé de Mouzon du surplus, de quelque nature qu'elles soient ; prendra ledit curé, au village de Fleigneux, toutes les dimes, tant grosses que menues. Jouira encore ledit curé de la cense de la cure, la fabrique d'Illy de la cense de l'Eglise et la fabrique de Fleigneux de la cense de Fleigneux.

La Cure de Raucourt.

Nous ordonnons que Me Jean Jarlot, prêtre, pourvu depuis peu de ladite cure par défaut de curé, demeurera curé ; et d'autant que l'ancien curé de Sedan y prétendait droit ; pour empêcher ce trouble et nourrir la paix, Nous avons fait passer procuration par ledit curé de Raucourt pour consentir en Cour de Rome une pension de 200 livres en faveur dudit ancien curé de Sedan. Les grosses dîmes dudit Raucourt se partagent en neuf parts, dont ledit curé en prend sept, et l'Abbé de Saint-Nicaise de Reims, patron, les deux autres. Jouira ledit curé des dîmes novalles, de toutes les menues dîmes, oblations, et encore de toutes les grosses et menues dîmes au terroir de la Malmaison dépendant dudit Raucourt. Les censes dudit Raucourt demeureront à la fabrique.

Cure de Haraucourt.

Nous avons ordonné que Me Jean Leprince, prêtre, demeurera curé ; les dîmes se partagent en trois, dont le curé prend le tiers, Monsieur l'Abbé de Mouzon l'autre tiers, et le patron qui dépend de Notre collation l'autre, ainsi au Bon-Ménil dépendant de la cure de Haraucourt, à laquelle Nous avons joint le secours d'Angecourt, ci-devant dépendant de Remilly, à la charge que la présentation de la cure de Haraucourt se fera alternativement entre ledit Sr Abbé de Mouzon et Laval-Dieu ; et pour la première fois, que ce sera Mondit Sr l'Abbé de Mouzon qui nommera. Les dîmes dudit Angecourt se partageront en neuf parts, dont ledit curé en prendra quatre, et le Prieur claustral de Mouzon et le Censier du Chêne-les-Malades les cinq autres. Nous avons donné Nos provisions du patronage dudit Haraucourt à Me François de Valory, prêtre du diocèse d'Angers.

Cure de Bulson.

Nous ordonnons que Me Louis la Corde, prêtre de Notre diocèse, sera pourvu de ladite cure à la charge de prendre la présentation de M. l'Abbé et Religieux de St-Nicaise de qui elle dépend et provision de Nous. Aux grosses dîmes le curé en prendra sept parts de neuf, et ledit Abbé et Religieux de Saint-Nicaise les deux autres. Jouira ledit curé de toutes les menues dîmes et oblations, et la fabrique du lieu de la cense de l'Eglise.

Cure de Noyers et Thelonne.

Nous ordonnons que Me Jean Alexandre, prêtre du diocèse de Reims, en demeurera curé. Cette cure est à la présentation de M. l'Abbé de Saint-Hubert. Ledit curé jouira du tiers des dîmes, et pour les deux autres tiers qui ont été ci-devant vendus au profit de la recette ecclésiastique, et le prix de l'achat du fond de ladite recette par les Abbés dudit St-Hubert à faculté de rachat, Nous avons ordonné qu'en remboursant le prix porté par le contrat du 3 septembre 1611, qui sera mis et consigné entre les mains de Me Clément Chaillaux, prêtre aumônier du Roi audit château de Sedan, pour ensuite en être par Nous ordonné ainsi que Nous aviserons bon être, ledit Abbé de St-Hubert rentrera dans la jouissance des deux tiers de dîmes ; et pour les autres prétentions qu'a ledit Sr Abbé sur le four banal de Noyers et autres droits de cens, surcens et censes, parce qu'il ne nous en a rien apparu, Nous avons ordonné qu'il se pourvoira envers et ainsi qu'il jugera pour le mieux. La cense de Noyers sera affectée à la fabrique de ladite église ; et quant aux prés sis au terroir dudit Noyers mentionnés ci-dessus, demeureront et seront employés pour la dotation de la chapelle de Sedan.

La Cure de Wadelincourt
avec l'annexe de Villette.

Nous avons ordonné que Me Jean Rousseau, prêtre de Notre diocèse, jouira de ladite cure comme en ayant été pourvu l'année 1610, et prendra par préciput sur les dîmes un muid de grain, plus la huitième partie dans lesdites dîmes, dont le reste se partagera ensuite par moitié entre les Abbés et Religieux d'Elan et le patron dudit Wadelincourt qui est à Notre collation. L'Eglise dudit lieu jouira d'un setier de froment de rente foncière due par plusieurs habitants dudit Wadelincourt et des prés de ladite église qu'on loue par chacun an. Et quant aux autres prés sis au terroir de Wadelincourt mentionnés ci-dessus, ils demeureront pour la fondation et dotation de la chapelle du château de Sedan. Nous avons donné nos provisions du patronage dudit Wadelincourt à Me François de Valory, clerc du diocèse d'Angers.

Saint-Menges.

Saint-Menges est secours d'Isge qui prend toutes les dîmes du tiers du ban dudit St-Menges qu'on appelle Patoulet, plus la moitié des dîmes à partager avec le curé de Donchery d'un autre tiers dudit ban qu'on appelle derrière le Moulin et la Voie de Ramon, plus prend la moitié du reste des dîmes à partager avec ledit curé de Donchery ; tout ce que dessus affermé 220 livres pour la portion du curé ; plus il y a le droit de l'hôtel, de chauffage et logeage de pain au four pour nourrir un garçon, plus il y a quatorze obits ordinaires valant quarante-deux sous, plus le tiers des dîmes du ban que l'on appelle la Goutelle, qui est maintenant dans la recette du bien ecclésiastique de Sedan affermé 179 livres cinq sous. Sur quoi, après avoir ouï ledit curé d'Isge, les habitants dudit lieu, et considéré et examiné toutes les raisons de part et d'autre, qu'il y a grande difficulté de passer dudit Isge à St-Menges à cause d'une rivière qui est entre deux, que St-Menges est un gros bourg, qu'il y a un temple pour ceux de la Religion Prétendue Réformée, et pour cela qu'il est à propos d'y avoir un curé bien sage, de bon exemple, de bonne vie et capable, outre que ledit curé d'Isge a déjà deux autres secours, Frénois et Glaires ; que ladite cure d'Isge vaut pour le moins huit ou neuf cents livres de rente de reste et que le curé est obligé d'entretenir un vicaire approuvé de Nous audit St-Menges, qui lui coûte autant qu'il en peut tirer de revenu. A ces causes, Nous avons ordonné l'érection être faite d'une cure audit St-Menges, qui sera séquestrée de celle d'Isge, dont la présentation appartiendra à M. l'Abbé de St-Médard de Soissons et à Nous la collation. Et parce que ladite cure de St-Menges a été ci-devant érigée par les officiaux de Reims par sentence du 9 novembre 1640, ce qui ne leur appartenait point, n'étant question en ce fait de la juridiction contentieuse, ainsi la chose dépendant de Notre pure autorité et que sur cela ladite cure d'Isges s'est pourvue par appel comme d'abus au Parlement où, par défaut, il aurait obtenu arrêt le 17 Mai 1642, qui casse ladite sentence, pourquoi depuis il aurait inquiété et tourmenté les pauvres habitants de Saint-Menges pour ses frais, dommages et intérêts, jusque-là qu'il les aurait obligés par ses violences de transiger, cesdits habi-tants ne se pouvant défendre des procédures dudit curé, à cause de la misère de la guerre, et qu'ils sont sur les frontières, pour ces raisons Nous supplions très humblement Sa Majesté de pourvoir par sa justice en son conseil au retranchement de ses procédures contre ces pauvres habitants et autoriser ladite érection de cure à St-Menges comme étant très nécessaire, utile et importante; comme aussi d'agréer que les biens aliénés dont est parlé ci-dessus qui ne se montent pas à grande somme et qui pourraient causer de grands désordres entre les Catho-liques et ceux de la Religion Prétendue Réformée demeureront en l'état qu'ils sont et entre les mains de qui ils se trouvent à présent pour en jouir pleinement et paisiblement à l'avenir ; d'autoriser les érections de la cure de Pourru-St-Remi et de la chapelle du château de Sedan et généralement tous les réglements, établissements contenus en ce présent Notre Procès-Verbal, tant en ce qui regarde les bénéfices, les curés, les cures, les revenus, qu'autres droits et prétentions des particuliers ; de casser et annuler toutes les provisions des cures et autres bénéfices que quelques-uns pourraient avoir obtenus ci-devant de Rome, des Seigneurs de Sedan ou de Nos prédécesseurs, nos grands Vicaires et autres, et confirmer seulement celles que Nous avons données et aprouvées dans Notre Procès-Verbal et que Nous donnerons ci-après, conformément à icelui et aux présentations qui Nous seront faites par les Patrons. Et d'autant que tous les revenus ci-dessus ont été affermés sous l'autorité du Roi, Sa Majesté est encore très humblement suppliée d'ordonner que lesdits bénéficiers, curés et autres jouiront présentement desdits revenus chacun pour son intérêt par les mains desdits receveurs, jusqu'à ce qu'ils aient affermé sous leur nom, dont et tout ce que dessus, Sadite Majesté donnera, s'il lui plaît, Ses Lettres de confirmation en bonne et due forme, le tout afin d'empêcher les troubles, divisions, procès et différends qui pourraient arriver. Et pour entretenir la paix, la concorde et l'amitié n'ayant eu autre objet dans Nosdits réglements que la gloire de Dieu, l'honneur de l'Eglise et le repos des consciences, ne les ayant faits qu'après une longue et mûre délibération.

Et d'autant que l'Eglise de Sain-Laurent de Sedan a grand besoin de réparations, ornements et autres accommodements, suivant l'intention du Roi, que Sa Majesté Nous a fait entendre, Nous avons ordonné que sur les dimes et autres revenus qui ont été reçus cette année par les Receveurs du Domaine qui appartiennent et qui doivent être payés aux bénéficiers, sera pris pour cette année seulement la somme de cinq mille livres, qui sera employée aux réparations et autres nécessités de ladite Eglise, suivant Nos ordres et ainsi que Nous jugerons plus à propos ; et pour les années suivantes, lesdits bénéficiers jouiront par leurs mains desdits dîmes et revenus et en disposeront comme de leur propre bien. Et pour éviter tout procès, Nous disons que la distribution des dîmes par Nous faite aux curés et autres ecclésiastiques n'est que des dîmes de l'Eglise et sans préjudice des droits des dimes inféodées aux autres titulaires et possesseurs.

Et afin de régler toutes choses, Nous ordonnons qu'au moyen des délaissements des dimes rachetables par les Abbé, Prieur et Couvent de St-Hubert et autres dîmes et terres énoncées en ce présent Notre Procès-Verbal et du consentement de tous les curés, marguilliers, fabriques et autres ecclésiastiques et personnes laïques, pour le bien de la paix, lesdits de la Religion Prétendue Réformée demeureront quittes et déchargés de toute l'administration qu'ils ont eu par ci-devant de tous lesdits biens ecclésiastiques, emplois et ménagements d'iceux, ventes judiciaires ou particulières qu'ils en auraient pu faire, et les acquéreurs et détenteurs en pleine et entière liberté et assurance des acquisitions par eux faites sans en pouvoir être recherchés ni inquiétés pour le présent ni pour l'avenir pour quelques raisons ou prétextes que ce soit. Comme encore du même consentement demeureront ceux de la Religion Prétendue Réformée déchargés des cloches qui peuvent être en leurs mains, fonds du presbytère de Raucourt après qu'il a été reconnu de modique valeur et que les bâtiments du temple qui y a été édifié ont été faits par ceux de la Religion ; comme encore de la restitution du presbytère de Francheval, après que Nous avons ordonné qu'il sera pourvu d'une autre demeure au curé plus utile et plus commode ; comme encore de ce qui aurait appartenu autrefois à l'usage de douze pauvres compris au bâtiment du collège de Sedan, après qu'il nous est apparu que les bâtiments et la plus grande partie du fonds provient des deniers de ladite Religion et que le surplus est de nulle ou fort modique valeur qui aurait donné lieu aux délaissement et confirmation qui leur auraient été faits par Sa Majesté de la jouissance et propriété dudit collège. Et pour toutes les choses contenues en cet article, a été cédé, par ceux de ladite Religion Prétendue Réformée, ce qui leur appartenait du rachat fait par lesdits Abbés, religieux et couvent dudit Sr Hubert des dîmes de Noyers et Thelonne, et le revenu de cette année desdites dîmes montant à 3,650 livres ou environ. Laquelle somme provenant tant du rachat fait des dîmes que du revenu desdites dîmes de cette année, Nous avons ordonné être employée en ornements, réparations et autres nécessités de l'Eglise de St-Laurent de Sedan.

Fait à Sedan, le 23 Août 1644.

Signé : L. DESTAMPES,
Archevêque duc de Reims.

Et au-dessous :

Par Monseigneur BONIN.

Et depuis ledit Me Vincent de Paul, ayant eu communication de Notre Procès-Verbal et avis desdits prêtres de la Mission, aurait dépêché Mo Lambert-au-Cousteau, prêtre, supérieur de la Maison des prêtres de la Mission de Richelieu, lequel, après avoir été lui-même à Sedan et considéré et examiné toutes choses, et depuis, étant retourné trouver ledit Me Vincent de Paul à Paris pour lui en rendre compte, lequel ensuite Nous l'aurait renvoyé avec pouvoir de traiter avec Nous, comme il appert par la lettre à Nous adressée de Paris le 21 de ce mois, dont la teneur ensuit :

MONSEIGNEUR,

Je Vous remercie très-humblement de la grâce qu'il Vous a plu nous faire d'avoir égard aux humbles représentations que nous Vous avons faites sur le sujet de Sedan et Vous demande pardon, avec toute l'humilité et le respect qu'il m'est possible, de ce qu'il y a quelque chose en mon procédé qui Vous a déplu, Vous protestant, Monseigneur, que ça été contre mon intention, qui n'ai jamais eu plus grand désir que celui de Vous obéir en toutes choses, m'étant contenté de faire savoir à la Reine si elle entendait que ce que le feu Roi a donné pour la Mission de Sedan fut employé pour la même fin, sans avoir dit ni fait aucune chose pour arrêter l'expédition des Lettres patentes, m'assurant bien que ce point étant résolu par Sa Majesté, nous pouvions recourir à Vous, Monseigneur, avec toute confiance que Vous feriez tout ce qui serait raisonnable. Et c'est ce que Vous avez fait, m'a dit M. Lambert, lequel je Vous envoie pour terminer la chose en la forme que Vous jugerez convenable que je ratifierai ici. Commandez donc, Monseigneur, et nous Vous obéirons avec toute entière soumission et affection, etc.

Votre très-humble et très obéissant serviteur,

Vincent de Paul,
Prêtre de la Mission.

Ensuite de laquelle lettre ledit Me Lambert au Cousteau Nous ayant dit avoir charge dudit Me Vincent de Paul et de toute la Congrégation de traiter avec Nous, et promis faire ratifier ce que Nous ferons avec lui, a été résolu ce qui suit :

Pour entretenir en la Ville de Sedan un curé, sept autres prêtres de ladite Mission et deux frères ensemble un Vicaire ou autre prêtre commis de leur part et approuvé de Nous ou de Nos grands Vicaires pour desservir le secours de Balan, desquels huit prêtres quatre au moins demeureront audit Sedan pour y faire les fonctions curiales, prêcher, catéchiser et y faire la Mission ; et les quatre autres qui seront employés pour faire la mission dans les souverainetés de Sedan, Raucourt et Saint-Menges et autres lieux de Notre diocèse sous Notre autorité Notre permission, seront obligés de se rendre tous ou la plupart d'eux audit Sedan pour les fêtes de Pâques, Saint-Sacrement, St-Laurent, Notre-Dame de la mi-Août et Noël, afin de rendre auxdits jours le service plus solennel. Et pour leur donner moyen de vivre et subsister, Nous avons ordonné qu'ils jouiront du fonds de 64,000 livres ordonnées par le feu Roi par ses Lettres patentes, lequel fonds depuis a été employé à l'achat de treize maisons sises au faubourg St-Denis, à Paris, joignant d'un bout à la maison du Sr Legras, mouvant du fief St-Lazare, d'un autre bout aux terres dudit St-Lazare communément appelées le Champ St-Laurent. Lesquelles maisons ledit Maitre Vincent de Paul et ses successeurs promettent faire valoir auxdits prêtres de la Mission de Sedan pour toujours annuellement la somme de 2,200 livres. Desquelles Lettres patentes, ensemble desdites acquisitions seront mises copies en bonne forme dans notre greffe dans deux mois, avec les indemnités des seigneurs particuliers et autres titres d'amortissement de Sa Majesté si besoin est.

Plus, nous leur avons laissé la cure de Sedan avec toutes les dépendances, ainsi qu'elle se poursuit et comporte, consistant en la moitié des grosses et menues dîmes de Sedan et Balan, et à prendre, par préciput, trois muids de blé métail sur les grosses et menues dîmes avant que partage, et un muid de seigle sur le patron de Bazeilles.

Plus le dedans desdites églises de Sedan et Balan qu'on nous dit ne valoir pas plus de 400 livres.

Plus la Maladerie du Chêne les Malades, en la souveraineté de Raucourt, à laquelle est jointe la moitié des dîmes d'Angecourt qui peuvent valoir 500 livres par an.

Plus 300 livres de rente qu'a données Monsieur de Bouillon pour fonder une messe dans ladite église par l'ancien curé qui jouira desdites 300 livres de rente seulement sa vie durant ; laquelle somme se prendra sur le domaine dudit Sedan. Laquelle Maladerie du Chêne, ensemble la moitié des dîmes d'Angecourt et les 300 livres à prendre sur ledit domaine seront unis inséparablement à ladite cure qui sera à la présentation du Supérieur général desdits prêtres de la Mission et à Notre collation, suivant le traité que Nous en avons fait et homologué ci-devant [1].

---

1. Voici les noms des Lazaristes qui ont été supérieurs de la maison de la Mission à Sedan et curés de la paroisse :

1643, Guillaume Galais. — 1644, François Grimal. — 1648, Charles Bayart. — 1650, Marc Coglée. — 1654, Jean Martin. — 1655, Marc Coglée. — 1657, Pierre Cabel. — 1663, Firmin Get. — 1668, Julien Dolivet. — 1673, Firmin Get. — 1681, André Ruffé. — 1683, Antoine Durand. — 1690, Claude Huchon, *premier curé de Saint-Charles.* — 1703, Jacques Joubert. — 1708, François Desortiaulx. 1717, Calos. — 1718, François Desortiaulx. — 1724, François Capperou, *mort à Sedan et enterré devant le maître-autel.* — 1728, Julien Le Pays. — 1730, Jean-Lourçain Forgeron. — 1737, Charles Marius. — 1741, Joseph Baret. — 1754, Gaspard Garnier, *mort à Sedan le 18 avril 1759 et inhumé le même jour dans le chœur de l'église.* —1759, Mathieu Corbier.—1762, Nicolas Philbert.

Et sur la remontrance qui Nous a été faite par lesdits prêtres de la Mission touchant le prédicateur, Nous n'avons pas estimé à propos de les charger du logement, entretien et récompense dudit prédicateur, et pour cet effet nous avons ordonné que, pour ledit entretien et récompense, sera prise la somme de 160 livres de rente due par la recette du domaine sur la terre de Bazeilles, plus 250 livres de rente à prendre sur la terre de Raucourt, constituées et données par Dame Françoise de Brézé, femme de Me Robert de La Marck, seigneur dudit Sedan, à la Maison des Apôtres, *et plusieurs petites rentes énoncées audit Procès-Verbal, dont le fonds monte à 3,354 livres 5 sous, qui, au denier seize, revient à 209 livres 12 sous 6 deniers.* Lesquelles trois sommes mises ensemble revenant à la somme de 619 livres 12 sous 6 deniers, avec la somme de 180 livres 7 sous 6 deniers qui sera fournie par lesdits prêtres de la Mission, à quoi ils s'obligeront en bonne forme et Nous fourniront aussi acte dans deux mois, font en tout la somme de 800 livres, laquelle sera mise entre les mains d'un notable bourgeois de la Religion Catholique audit Sedan, qui se chargera de l'entretien, logement, nourriture et récompense du prédicateur pendant les Avent et Carême. A quoi lesdits prêtres de la Mission auront l'œil et donneront ordre à ce que toutes les choses soient exécutées ainsi que Nous les avons ordonnées.

Fait en Notre palais Archiépiscopal de Reims, le 24 septembre 1644.

Signé : L. Destampes,

Archevêque Duc de Reims.

Et au-dessous :

Par Monseigneur Bonin.

Et scellé en placard de cire rouge des armes de Mondit Seigneur.

Registré aux registres du Conseil Souverain ouï et ce requérant le procureur général du Roi pour être gardé, observé et exécuté selon sa forme et teneur, suivant l'arrêt d'aujourd'hui, donné à Sedan audit conseil le 16 Décembre 1644.

Signé : DE GUILLON, DE MORENVILLÉ, CHADIRAC, PETIZON, DOZANNE, GOMMERET, SANTEUIL.

Extrait du registre du greffe du Conseil Souverain du Roi à Sedan ; signé : CHEVALLIER, avec parafe, et ensuite est écrit :

Louis, par la grâce de Dieu Roi de France et de Navarre, à tous présents et à venir, Salut, savoir faisons qu'après avoir vu le Procès-Verbal fait et dressé suivant Nos ordres par Notre très-cher et bien aimé cousin Léonord d'Estampes de Valançay, Archevêque et duc de Reims, premier pair de France et conseiller ordinaire en Nos conseils, contenant un bon réglement pour le rétablissement de la Religion Catholique dans Nos Souverainetés de Sedan, Raucourt et St-Menges, et la restitution aux Ecclésiastiques de leurs biens et revenus qui avaient été unis aux domaines desdites souverainetés et autres choses concernant le bien et le repos de Nos peuples, et ayant reconnu qu'il n'y a rien qui ne soit très-utile et nécessaire à la manutention des droits de l'Eglise. Pour ces causes et autres bonnes considérations à ce Nous Mouvants de l'avis de la Reine régente Notre très-honorée Dame et Mère, Nous avons agréé, approuvé et confirmé, et de Notre grâce spéciale pleine puissance et autorité royale *agréons, approuvons et confirmons par ces présentes signées de Notre main le susdit Procès-Verbal des 23 Août et 24 Septembre dernier ci attaché sous le contre-scel de Notre Chancellerie, Voulons et Nous plait que tous et chacun les articles d'icelui soient exécutés selon leur forme et teneur sans que jamais il y soit contrevenu par qui que ce soit, directement ni indirectement.* Si donnons en mandement à Nos aimés et féaux conseillers, les gens tenant Notre Conseil Souverain de Sedan, que ces présentes avec ledit Procès-Verbal ils aient à enregistrer et à tenir la main à ce que le tout soit ponctuellement observé et exécuté par tous ceux et ainsi qu'il appartiendra, cessant et faisant cesser tous troubles et empêchements au contraire, car tel est Notre plaisir, et afin que ce soit chose ferme et stable à toujours Nous avons fait mettre Notre scel à cesdites présentes, sauf en autres choses Notre droit et l'autrui en toutes.

Donné à Paris au mois de Novembre l'an de grâce 1644 et de Notre règne le deuxième.

Signé : Louis.

Et sur le replis :

Par le Roi, la Reine régente sa Mère présente.

Deloménie. A côté visa.

Registré aux registres du Conseil Souverain oui et ce requérant le procureur général du Roi pour être gardés, observés et exécutés selon leur forme et teneur suivant l'arrêt d'aujourd'hui donné audit Conseil le 16 Décembre 1644.

Signé : de Guillon, de Morenvillé, Chadirac,
Petizon, Dozanne, Gommeret, Santeuil.

Extrait des Registres du greffe du Conseil souverain du Roi à Sedan. — Signé : Chevallier, avec parafe.

Collationné à son original en papier représenté par Monsieur Durand, prêtre de la Congrégation de Saint-Lazare et curé de cette Ville, ce fait, à lui à l'instant rendu par nous notaires du Roi et gardes-notes héréditaires au bailliage de cette Ville de Sedan soussignés.

Ce jourd'hui 28 Juin 1687.

Signé : Lamorlette, David

Sedan. — Imprimerie de Jules LAROCHE, rue Gambetta, 22.